LA RÉPUBLIQUE

A PAIR OU NON,

O U

LOTERIE NATIONALE DE FRANCE,

TIRÉE LE 15 VENTOSE, AN 5ᵉ,

Avec l'indication de la valeur des lots tant en perte qu'en gain pour la République.

C'est plaisant, n'est-ce pas, de voir une Nation qui joue son bonheur à pair ou non ?

A PARIS,

Chez la cit. D u r a n d, Libraire, Palais-Egalité.
Et chez les Marchands de Nouveautés.

An Vᵉ de la République.

LISTE GENERALE

DES PERDANTS

A LA

LOTERIE NATIONALE DE FRANCE,

TIRÉE

Aux conseils des Cinq-Cents et des Anciens,
le 15 Ventose an 5ᵉ.

Avec l'indication de la VALEUR DES LOTS,
tant en perte qu'en gain pour la Répu-
blique.

> C'est plaisant, n'est-ce pas, de voir
> une nation qui joue son bonheur à
> pair ou non?

Qu'IL étoit bête ce philosophe qui prétendoit
qu'on ne pouvoit pas calculer la valeur des hommes
comme celle d'un panier de cerises! C'est qu'il n'a-
voit pas vu peut-être une république comme la nôtre.
C'est-là qu'on voit des choses bien drôles! des *Mè-*
tres, des *Myriagrammes*, des *Kilomètres*, et l'on
prétendroit que nous ne pouvons pas mesurer les

A 2

gens ligne par ligne. Blasphêmes, Blasphêmes que tout cela !

Or çà, mes amis, je vais donc vous conter ce qui se passa : je vous dirai ce que le sort décida ! comme les figures alloient de haut en bas. Mais quest-ce donc ? celui-ci pâlit, celui-là rougit, cet autre rugit. Voyez donc ce petit nègre, comme il se démène ! L'œil hagard de ce Jacobin, les idées sinistres qui frappent ce montagnard par excellence, me donnent un spectacle vraiment nouveau.

Voilà le jugement dernier !

C'est au conseil des Cinq-Cents qu'il a lieu.

Mais qu'apperçois-je ? un borgne préside ! est-ce que nous serions dans la république des aveugles ? Chut ! ! ! les choses sont dans l'ordre, la Loi est président. Ici, cependant, les versions sont différentes ; ce monsieur là s'appellant le Roy, il est chargé de mettre à la porte ses collègues.

Le Roy mettre à la porte les ex-membres de la Convention !.... Oh ! c'est horrible.

Enfin on va tirer : qui sortira le premier ? Silence ! silence ! C'est......... Andrey. --- Il donne à la

République ---- gain 5o pour 100. Il gagnoit son argent *incognito* ; personne n'a à se plaindre de ses discours.

Albert, gain 100 p. 100. Si Dieu ne le connoit pas plus que nous , le paradis ne lui sera pas ouvert.

Auger, gain 70 pour 100 , rue Neuve - du - Luxembourg : Quand ce jeune homme là sera refait , il pourra n'être pas mal.

Baland, 85 pour 100 De la faction des Use-culottes.

Balmain , gain 80 p. 100. Pour ressembler à Buonaparte , il s'est logé place des Victoires.

Bancal , perte égale au gain. Dumourier en avoit fait présent à l'Empereur , et lo cort vient de le marier avec la nullité.

Bocheton , gain 99 pour 100. Distingué par sa demeure , rue Montmorency , n°. 724.

Beffroy , gain 40 p. 100. Frère du cousin Jacques , s'occupant d'agriculture , montoit sa garde au conseil avec beaucoup d'exactitude.

Belley , gain 200 p. 100. Mon dieu ! comme il est noir !

Berthier , gain 300 p. 100. Je le reconnois ; c'est lui

qui fit décréter d'accusation le représentant Du-
chatel..... Malheureux , retire-toi.

Bezard , gain 95 p. 100. Caporal dans l'armée de
Treillard.

Blondel , gain 99 et demi p. 100. Célèbre par son
billet de sortie.

Baudin , gain 78 p. 100. Il avoit juré d'être de
tous les partis en même-tems.

Boissi d'Anglas , perte 200 p. 100. Aussi instruit
qu'éloquent ; la république semble le perdre ,
mais les départemens le lui rendront ; ils considé-
reront qu'il a fait gagner 95 sur 93.

Bonnemain , gain 63 p. 100. A placer dans un bu-
reau ; on dit qu'il est élève de Paillasson.

Bordas , gain 170 p. 100. Frère de l'intéressé dans
les marchés de la république.

Borie Cambord , gain 50 p. 100. Je lui souhaite un
bon voyage.

Cambacerès , perte 10 p. 100. Qu'il se rappelle Du-
rand , maire de Montpellier , et qu'il pleure !

Camus , gain 28 p. 100. Avis aux rentiers.

Carpentier , gain 150 p. 100. Montagnard exécrable.

(7)

Cazenave , gain 80 p. 100. Montagnard.

Cavaygnac, gain 160 p. 100. Il fit tirer sur les sec-
tions en vendémiaire.

Chabanon , gain 60 et demi p. 100. Premier sergent-
major dans l'armée de Treillard.

Chiappe , perte 50 p. 100. Les jacobins le détestent.

Colombel , gain 70-78 p. 100. Il parle du pied et du
poing , et sait rugir avec une grace infinie ; les
propriétaires du combat du taureau peuvent l'em-
ployer.

Daubermesnil , gain 95 p. 100. Patriote à la dou-
zaine, ex-oratorien , francmaçon , et pour toujours
ex-législateur.

Daunou , gain 163 p. 100. Illustre père du tachigraphe ; il est inconsolable depuis la mort de cet
enfant ; ses amis craignent qne sa chère fille , la
loi contre la liberté de la presse , soit étranglée
au conseil des anciens.

Defermond , perte 50 p. 100. Les départemens le
rappelleront.

Delaunay , gain 180 p. 100. Les vendemiairistes ne
le regretteront pas.

A 4

Deville , gain 99 trois quarts p. 100. Il a déclaré la guerre aux chevaliers de Malthe ; depuis long-temps il étoit brouillé avec le bon sens.

Drouet , gain 200 p. 100. On le prie de passer à la haute-cour nationale ; le citoyen Viellard a un paquet à lui remettre.

Dubois Crancé , gain 250 p. 100. Ex-noble, ex-montagnard ; on l'attend à Lyon.

Dumas , gain 50 p. 100. Le membre du conseil des anciens qui porte ce nom, est un très - brave homme.

Dumond (André) , perte 55 p. 100. Lisez le compte rendu de sa conduite pendant la terreur.

Dupuis , gain 73 p. 100. Ci-devant membre des inscriptions et belles-lettres ; tous les épiciers de Paris connoissent ses ouvrages.

Eschasseriaux aîné , perte 40 p. 100. Il est généralement estimé.

Gossuin , gain , 36 trois quarts p. 100. Fort épais de corps et d'esprit.

Goupilleau de Montaigu , gain 98 p. 100. aide-major de la montagne.

Guyomard , gain , 95 p. 100. Le roquet de la montagne.

Guiton de Morveau, gain 28 pour 100. Il devroit bien trouver un procédé chymique pour délivrer la France de la putridité jacobite.

Isnard, perte 100 pour 100. Il faisoit souvent l'école buissonniere ; mais ses talens et sa fermeté lui ont attiré les suffrages publics.

Jard Panvillier, perte 95 pour 100. Il a tué le Tachigraphe.

Lanthenas, gain 93 pour 100. Disciple de Louvet.

Lecointre Puiraveau, gain 115 pour 100. Professeur d'ignorance, conséquemment orateur de la montagne.

Lesage Senault, gain 105 pour 100. Ame damnée du maratisme.

Lespinasse, perte 60 pour 100. Braves officier d'artillerie.

Louvet (J.-D.) gain 140. Il sera maintenu dans l'Egoût Montmartre, où l'opinion publique l'a panthéonisé ; des méchans ont proposé de l'empoisonner en lui faisant respirer pendant deux heures *sa Sentinelle*.

Mailhe, perte 70 à 80 p. 100. Détesté des Jacobins.

Mercier, perte égale du gain. Tableau de Paris, v. caricature.

Penieres, perte 100 pour 100. Un des 73 proscrits, un grand courage et des talens.

Pierret, perte 100 pour 100. Connoissances étendues, haine profonde pour les brigands.

Quinete, gain 74 pour 100. L'un des bijoux dont Dumourier fit présent à l'Empereur.

Raffront de Trouillet, gain 86 pour 100. Vieux bavard.

Reverchon, gain 100 pour 100. Digne successeur de Collot-d'Herbois, néanmoins plus bête que ce dernier.

Richard, perte 70 p. 100. Ferme dans les principes.

Treillard, gain 200 pour 100. Un des généraux des Jacobins.

Nihilistes.

Thabaut.

Saurine.

Maule.

Marec.

Lozeau.

Despinassy.

Lacanal.... !!!

DIIS IGNOTIS.

Mélanges.

A 25 de perte l'un dans l'autre.

Berthevenne.

Camboulas.

Charelle.

Chastelain.

Dubray.

Delamare.

Dornier.

Duval. (Claude)

Duval. (Pierre)

Fleury.

Fricot.

Gourdan.

Izoard.

Lorançot.

Leman.

Mathieu.

Meaule.

Pelet de la Lozere.

Réal.

Richaud.

Rouyere.

Ruelles.

LETTRE

Sur le Tirage du Conseil des Anciens.

Mon cher camarade, j'étois au conseil des Anciens, et j'ai vu le fameux tirage.

Je vais vous rendre compte de ce qui s'est fait.

Poullain-Grandpré présidoit ; ce qui m'a fait beaucoup rire, parce que depuis mon enfance on m'a dit que les armes de Bourges étoient une chose fort plaisante.

Poullain-Grandpré étoit donc dans le fauteuil.

Le sort n'a pas été fort juste, ni fort injuste ; il a donné pour résultat la liste suivante que composent les différentes factions des Montagnards, des useculottes, des Muets et des Nihilistes.

Moisset , use-culotte.

Guillaume Michel , nihiliste.

Gérante (Olivier) , qui n'a jamais transigé avec les principes.

Chambon (aimé dans le midi) , brave et digne législateur.

Dandenac , aîné , nihiliste.

Devérité , ennemi des Jacobins.

Maignen , *ad libitum.*

Girard-Villards , use-culotte.

Florent Guyot , nihiliste.

Blan , faction des muets.

Barreau , use-culotte.

Garreau , use-culotte.

Amyon , de la faction des muets.

Corbel , nihiliste.

Creuzé (Pascal) , défenseur des colonies.

Coren-Fustier , homme plein de courage et de talens.

Boucher-Saint-Sauveur, Jacobin dans toute l'étendue du mot.

Vincent , nihiliste.

Allafort , nihiliste.

Cornilleau, champion déhonté de Barere et de Collot d'Herbois.

Giraud (des côtes du nord), nihiliste.

Durand-Mayanne, vieillard respectable.

Gibergues, use-culotte.

Gumery, use-culotte.

Besnard, use-culotte.

Guermeur, ancien collègue de Marat.

Berreau (Marcellin), nihiliste.

Johannot, antagoniste du sans-culotte le Couteux.

Derazet Cussey, *ad libitum*.

Gouly, Chouanico-Montagnard.

Girard, Guittard, Lehaut, Deguise, Bouret, Sallèles, Thieriet, Bourgeois, *Miscellanea*.

Delchet : sa mère lui disoit : tu ne vivras pas, mon fils, tu as trop d'esprit !

Bouillerot, nihiliste.

Bolot ; il a du tact.

Castillon ; il a du nez.

Poulain-Grandpré : il vouloit rester !

Nioche, nihiliste.

Rudel, nihiliste.

Serres : il n'a pas inventé la poudre.

(157)

Reugnault - Breste , Sauvé , Conte , Camp-Martin,
Cabaros , Devars. *Requiescant in pace.*

Delmas. Amphibie.

Goupilleau de Fontenay , c'est lui qui fit suspendre
Job Aimé.

Bard. Devinez-le.

Mazade. Irréprochable dans sa conduite.

Belain , Laurent , Plaichard. *Dieu les assiste:*

Courtois Dantoniste.

Mils. Mulâtre.

Roy , Vigny , Varlet. *Souhaitons - leur bon
voyage.*

Bonnesœur. Tracassier et babillard.

Verneray , Dandenac (jeune) , Pierre Michel.
Au revoir , mais le plus tard possible.

Fourcroy. Il a laissé traîner Lavoisier à l'échaffaud.

Lanjuinais. Honneur au courage et à la vertu! Appel
à tous les départemens de l'injustice du sort.

Ainsi de ces héros se termine l'histoire.

De l'Imprimerie de la Tribune Publique , ou
Journal des Élections.